DEBUT D'UNE SERIE DE DOCUMENTS
EN COULEUR

Contraste insuffisant des couvertures
supérieure et inférieure

76

GERSON

TRAITÉ

De la manière de conduire les Enfants à Jésus-Christ

PHILOSOPHES & PENSEURS

Volumes in-16, 0 fr. [...]. Collection Science & Religion
Prix 0 fr. 60. Avec reliure spéciale 0 fr. 95

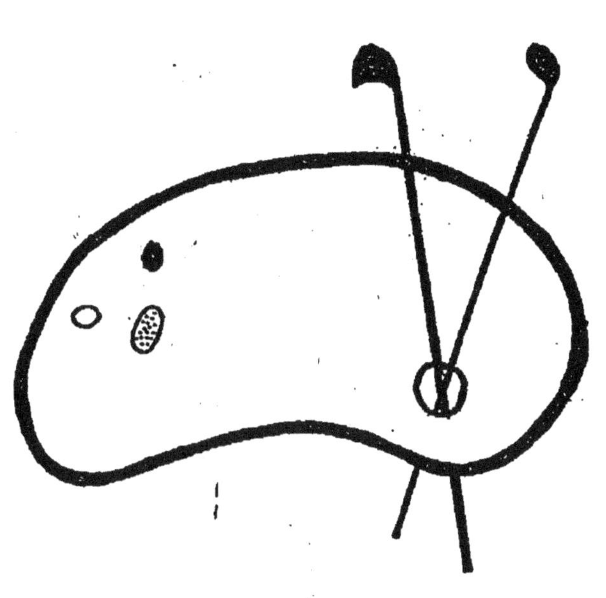

FIN D'UNE SERIE DE DOCUMENTS
EN COULEUR

TRAITÉ

du devoir de conduire les enfants à Jésus-Christ

MÊME SÉRIE

GERSON

TRAITÉ

DU

Devoir de conduire les Enfants

A

JÉSUS-CHRIST

Traduit par A. SAUBIN

PARIS

LIBRAIRIE BLOUD ET Cie

7, PLACE SAINT-SULPICE, 7

1 ET 3, RUE FÉROU. — 6, RUE DU CANIVET

1909

INTRODUCTION

Le Christ, notre Législateur suprême et notre Docteur, nous a enseigné amplement par ses paroles, ses œuvres et ses exemples, tout ce qui est nécessaire pour diriger la marche universelle de l'Eglise dans toutes les conditions et dans tous les degrés qui la constituent : telle est la foi d'une âme droite.

Or ce n'est pas une partie négligeable de l'Eglise, que la masse des enfants et des jeunes gens ; aussi le Christ n'a pas voulu les oublier dans ses admirables constitutions. Au contraire, s'adressant aux quelques personnes qui l'entouraient, et, dans ces personnes, à tous ceux de l'avenir, il flétrissait l'indignation peu bien-veillante, la grossière folie, l'attitude hautaine, l'orgueilleuse sagesse de ceux qui empêchaient qu'on lui amenât les petits enfants, et mena-çaient ceux qui les lui conduisaient : « *Laissez,* leur dit-il, *laissez les petits enfants venir à moi...* » Et comme si on lui eût demandé pour-quoi, il donnait cette raison toute divine : « *car le royaume des cieux leur appartient.* »

Voici d'ailleurs le texte de saint Marc : « *Or les disciples menaçaient ceux qui les présen-taient. Ce que voyant, Jésus s'indigna, et leur dit : « Laissez les petits enfants venir à moi et ne les empêchez pas.* » Et le texte poursuit : « *Et les embrassant il leur imposait les mains et les bénissait* » (Marc, x, 13-16).

Si nous donnons à ces paroles toute l'impor-tance que comporte l'enseignement du Christ, combien sa réprimande n'est-elle pas acerbe et mordante pour ceux qui empêchent le salut des enfants et leur accès auprès du Christ ! Nul doute que ceux qui agissent ainsi ne méritent de telles menaces !

Mais loin de nous tout reproche amer ; loin de nous tout emportement de polémique effrontée ! Imitons, en parlant des enfants, la simplicité de l'enfance, sans élever la voix dans l'animation de la dispute. Considérons plutôt la douceur avec laquelle Notre-Seigneur, malgré son indignation, réprimande ses disciples. « *Laissez,* dit-il, *les petits enfants venir à moi.* »

Ne craignons pas de mettre notre discours à la portée des enfants, sans cependant nous servir d'un langage grossier et vulgaire. Ne craignons pas de balbutier avec eux, s'il le faut, comme les nourrices et les mères, qui savent se faire une langue bégayante pour converser avec leurs petits enfants. Pourvu qu'ainsi nous puissions être compris, cela suffit : Exciter les enfants à venir au Christ, leur apprendre à venir au Christ, écarter le scandale de leur chemin, tout cela est plus beau qu'une satire spirituelle, qu'une raillerie acerbe.

Peu de considérations, quatre en tout, partageront cet opuscule en un ordre plein de clarté.

La première aura pour sujet les enfants, et traitera de la nécessité pour eux et pour l'Eglise qu'ils viennent au Christ.

La deuxième parlera de ceux qui scandalisent les petits enfants et les empêchent, par divers moyens, de venir au Christ.

La troisième louera le zèle de ceux qui ramènent les petits enfants dans la voie qui conduit au Christ.

La quatrième, enfin, sera une apologie pour ma propre défense et une exhortation aux petits enfants pour les engager à venir au Christ par mon indigne ministère.

Je soumets le tout à l'autorité bienveillante de mon supérieur dans cette matière. Ni mon sens propre, ni ma prudence, ni mon propre jugement, n'auront le pas sur le conseil de mes amis spirituels, afin que mon zèle soit tempéré par l'humilité, de peur qu'en courant ainsi je ne vienne à tomber.

Mais lorsque ces amis m'auront approuvé, tout ce que pourront dire d'ailleurs des hommes charnels ou malveillants, des hommes à la vue basse, me laissera dans une joyeuse indifférence ; car je sais, avec saint Jérôme, que c'est par les opprobres, aussi bien que par la louange, que l'on vient au Christ.

TRAITÉ
du Devoir de conduire les enfants à Jésus-Christ.

I

Des petits Enfants.
Combien il est nécessaire pour eux et pour l'Eglise qu'ils viennent à Jésus-Christ.

« *Il est bon à l'homme de porter le joug dès sa jeunesse* » (Thren., III, 27). Le joug dont il est ici question est celui que Jésus-Christ affirme être doux et léger (Matt., XI, 30).

La vérité de cette affirmation repose d'abord sur l'augmentation de la grâce divine. Plus on se livre à elle souvent et longtemps, plus on la reçoit abondamment. Or, plus la grâce est abondante dans l'âme, plus elle la réchauffe, la nourrit, la conserve et la fortifie. Quant à celui qui a négligé ou repoussé la grâce en abusant des dons de Dieu et des talents du souverain

Père de famille, lorsque la première vigueur de l'âge lui rendait facile le don de soi-même, il arrive le plus souvent, par un juste jugement de Dieu, qu'il n'a plus ensuite la possibilité de revenir à Jésus-Christ.

Et, sans la grâce de Dieu, qui sera sauvé? qui restera debout? qui donc plutôt ne se jettera pas dans l'abîme et dans la damnation? Si vous, qui, encore enfants, n'avez pas offensé Dieu, et n'êtes pas encore accablés sous le faix du péché, ne pouvez, comme vous dites, monter jusqu'à la vertu, qu'arrivera-t-il quand vous serez ses ennemis? quand l'immense fardeau du crime courbera votre front vieilli?

Les fleurs du printemps, nul ne l'ignore, sont, pour la vie humaine, comme pour la vigne et les autres plantes, ce que l'on aime le mieux : par conséquent, les hommages des petits enfants sont bien plus agréables que ceux des vieillards décrépits, des vieillards qui se sont corrigés de leurs vices lorsque leurs vices les ont quittés.

Un illustre poète l'a dit : « Pour les malheureux mortels, les premiers jours de la vie sont les meilleurs : mais comme ils fuient ! »

Il est donc plus convenable d'offrir à Dieu ce que l'on a de meilleur, que les tristes restes d'une vieillesse morbide, puisque « *la plus pure louange sort de la bouche des enfants* » (Ps. VIII, 3).

Si nous considérons la force de l'habitude, qu'Aristote appelle une seconde nature, nous verrons clairement que rien n'est plus pénible, plus amer, plus humiliant, qu'une mauvaise habitude ; tandis que rien n'est plus facile, plus doux et plus divin qu'une bonne habitude.

Aussi les philosophes et les poètes sont toujours d'accord avec les théologiens sur l'immense importance pour les jeunes gens de contracter telle ou telle habitude. « C'est donc une chose grave, dit Virgile, que de contracter des habitudes dans son enfance. »

Cicéron ordonne de choisir la meilleure forme de vie, parce que l'habitude la rendra agréable. « Ce que vous supportez avec peine, dit Ovide, accoutumez-vous-y : vous le trouverez facile. » Et Horace : « Un dompteur apprend au jeune cheval à marcher docilement dans le chemin que lui montre le cavalier. C'est en aboyant contre une peau de cerf, que le jeune chien apprend à guerroyer dans les bois. C'est maintenant, enfant, qu'il faut déposer des règles dans ton cœur pur, maintenant qu'il faut t'adonner à ce qu'il y a de meilleur. Un vase neuf gardera longtemps le parfum dont il aura été imprégné. »

Enfin, si des lois perverses, des superstitions sacrilèges témoignent, comme le montre Averroès, de la terrible puissance de l'habitude ; si le même témoignage est donné, comme le disent douloureusement saint Augustin et plusieurs autres, par des mœurs vicieuses, qui doutera que l'accoutumance à la pratique d'une vraie religion, à des mœurs chastes, n'ait plus de puissance encore, puisque cette force est augmentée et enrichie, ainsi que nous l'avons dit plus haut, par le secours tout-puissant de la grâce divine ?

Aussi, combien souvent j'ai frémi d'horreur en entendant ce dicton désastreux pour la jeunesse : « Le jeune homme angélique devient un démon dans la vieillesse. »

Si un jeune homme angélique, habitué à la lutte contre le vice, devient un démon dans sa vieillesse, je ne vois pas bien ce qu'il faudra espérer d'un jeune homme satanique, quand il sera arrivé à la vieillesse, puisque, à ses inclinations perverses, sera venue se joindre une habitude plus perverse encore.

Mais ce n'est là qu'un blasphème destiné,

comme il arrive souvent, à tromper le vulgaire. Et dans quel but le trompe-t-on ainsi ? Pour couvrir d'une sorte de protection les enfants dévoyés et corrompus, enfants dont le nombre est incomparablement plus grand : et cela, non pas tant pour les ramener du chemin de leurs erreurs, que pour empêcher qu'ils ne soient tournés en dérision par les gens timorés et bien élevés (oiseaux rares, certes, en ce monde), auxquels il reste assez de pudeur pour s'opposer à ces entraînements mauvais. Mais, hélas ! de ces hommes rares, en reste-t-il encore ? Dans les enfants, on loue un front qui ne rougit pas, un regard impudent, une bouche impure, accoutumée aux blasphèmes et aux obscénités ; on admire un œil lubrique, un maintien dissolu. Quels hommes et quels vieillards seront de tels jeunes gens ? Les maux qui accablent aujourd'hui la religion ne le montrent que trop.

Il ne se trompait donc pas, il voyait donc juste, celui qui a dit que, si l'on veut réformer l'Eglise, il faut commencer par les enfants. En effet, étant moins corrompus, moins profondément infectés, ils sont plus capables de saisir les doctrines salutaires, bien que peut-être ce ne soit pas suffisant pour garantir leur persévérance.

Aristote semble l'avoir remarqué quand il dit que ce sont là de pauvres auditeurs de la science morale : il ne voulait pas dire que cette science leur est inutile, car il se serait mis en flagrante contradiction avec lui-même. En effet, les enfants sont aptes à recevoir les premiers éléments des bons principes, quand le mensonge ne les a pas pénétrés trop profondément, quand de pernicieuses nouveautés ne sont pas trop enracinées en eux. Ce sont des outres neuves faites pour recevoir d'exquises liqueurs ; ce sont de jeunes plantes qui obéissent facilement à la main qui les plie.

Tout est bien différent pour les vieillards pleins de jours passés dans le crime, on les brise plutôt que de les redresser. « *Si l'Ethiopien,* dit Jérémie, *peut changer la couleur de sa peau, si le léopard peut modifier la bigarrure de sa robe, vous aussi vous pouvez faire le bien après avoir appris le mal.* » (Jérémie, XIII, 23).

La conclusion de tout cela est que la restauration de l'Eglise et son perfectionnement doivent commencer par les enfants : c'est certain. Mais où donc, je le demande, cette œuvre très sainte aura-t-elle plus d'efficacité que dans cette illustre ville de Paris ? Là sont des enfants qui vont se disperser dans toute la chrétienté ; ils pourront être à leur tour pour d'autres et surtout pour leurs familles, des docteurs, des apôtres très utiles.

Une autre conclusion que l'on peut tirer des considérations précédentes, c'est que personne ne fait à l'Eglise une guerre plus terrible, personne ne prépare mieux l'œuvre de destruction de l'Antéchrist, que celui qui, par actes ou par paroles, en secret ou en public, met obstacle à l'invitation de Jésus-Christ : « *Laissez venir à moi les petits enfants.* »

De ceux qui scandalisent les petits enfants et par divers moyens les empêchent de venir à Jésus-Christ.

« *Si quelqu'un scandalise un de ces petits enfants qui croient en moi, il vaut mieux pour lui qu'on lui suspende au cou une meule de moulin et qu'on le jette au plus profond de la mer* » (Matt., XVIII, 6).

Le Christ a parlé, nul doute n'est permis. Faut-il prendre cette parole seulement dans un sens mystique, et supposer qu'il n'y est question que d'enfants spirituels ? Non ; il faut l'entendre à la lettre et croire qu'il est ici question de ces petits êtres qui sont encore à l'entrée de la vie. Et s'il faut l'entendre d'abord et principalement de ceux-ci, c'est que, pour eux, le scandale est plus dangereux que pour les autres croyants, puisque, au témoignage d'Horace, « *l'enfant, à cet âge, est une cire tellement molle, qu'elle se prête docilement au vice ; tandis qu'une fois déformée, elle ne se ramène pas aussi facilement à la forme et au caractère de la vertu. »*

C'est pourquoi Juvénal, voulant empêcher le scandale des petits enfants, enseignait que *« l'enfant a droit au plus grand respect »*, et que, par conséquent, rien d'impudique, de dépravé ou d'obscène ne doit venir offenser le regard d'un enfant.

La parole de Jésus-Christ : *« Laissez venir à moi les petits enfants, »* ne veut pas dire autre chose ; car tout homme qui scandalise les enfants, met obstacle à ce qu'ils s'approchent du Christ.

Jésus-Christ aussi donne sous deux formes différentes à peu près la même raison que Juvénal, c'est-à-dire la dignité des enfants. Car il dit d'abord que le royaume des cieux leur appartient, et ensuite il affirme que leurs Anges voient toujours la face de leur Père qui est dans les cieux (Matt., xviii, 10).

Reste à parler des diverses manières dont on peut scandaliser les enfants.

Le scandale est une parole ou un acte manquant de droiture, et qui est pour autrui une occasion de ruine. Par conséquent, quiconque fait pécher les enfants, quiconque les fait tomber dans ce chemin des bonnes mœurs qui conduit à Jésus-Christ, les scandalise.

Ce crime s'opère de deux manières : par l'action et par la parole ; et l'action ou la parole peuvent scandaliser directement ou indirectement.

On commet le scandale indirectement en ne l'empêchant pas, lorsque, en vertu de son autorité ou de son devoir, on le pourrait, et on le devrait : cette négligence peut se comparer à celle du pilote qui fait perdre le navire. On le commet aussi indirectement, lorsque, malgré le désir que l'on a de l'empêcher, on se laisse arrêter par la crainte des injures, des racontars suspects, des dommages même qui peuvent en survenir, ou des mille autres machinations du démon.

Ce double scandale semble avoir été l'œuvre des disciples, puisqu'ils empêchaient les enfants de venir à Jésus, et menaçaient ceux qui les présentaient. Quelque dépourvu de raison et de connaissance que fût leur acte, Jésus-Christ, dans son indignation, n'en porte pas moins un jugement net et précis. « *A cette vue*, dit l'Evan-

géliste saint Marc, *il en conçut de l'indignation* »
(Marc, x, 14). Cet acte peut-il, même en appa-
rence, contenir peu de malice, quand il a pu
exciter l'indignation de Jésus, la douceur
même ? quand il a pu troubler ainsi la source
limpide de toute bonté ?

Je ne me souviens pas d'avoir lu qu'un autre
acte ait ainsi indigné le Christ ; il supportait
avec tant de douceur même les crimes des publi-
cains et des pécheurs, même les colères de la
fausse justice des pharisiens, lorsque ceux-ci
lui demandaient avec arrogance « *pourquoi il
mangeait avec des pécheurs* » (Matt., xi, 11).

Mes frères, évitons ce double scandale pour ne
pas faire tomber sur nous l'indignation de
Jésus. Car si l'indignation d'un prince cause la
mort, que dire de celle de Dieu ?

Quant aux scandales en paroles et en actes
qui tendent directement et ouvertement des
pièges sous les pas des enfants, ils ne sont
inconnus à personne, car il y en a qui non seulement « *se glorifient d'avoir fait le mal, et se
réjouissent de leurs pires actions* » (Prov., ii, 14),
mais encore, par une perversité diabolique,
augmentent le plus qu'ils peuvent le nombre des
complices de leurs forfaits, comme s'ils n'avaient

d'autre souci que celui de ne pas se perdre seuls, ou de ne tomber en enfer qu'en nombreuse compagnie.

Telle fut la conduite de Catilina envers la république romaine, et telle est celle de beaucoup aujourd'hui envers l'Eglise. « *Car ils ont été aveuglés par leur malice* » (Sap., II, 21), afin qu'ils s'éloignent de la foi, et que, livrés à leur sens réprouvé, ils commettent les crimes qu'énumère l'Apôtre dans son Epître aux Romains (I, 22-23) et, chose à peine croyable, d'autres crimes bien plus honteux et plus abominables.

Il ne leur suffit pas d'associer à leur honteuse perdition les étrangers et ceux que l'âge a mûris : ni les liens du sang, ni l'innocence de l'âge, ni la pureté angélique de l'enfance, ni les privilèges de la sainteté elle-même, ne sont respectés par eux : ils souillent tout, ils couvrent tout de leurs exécrables corruptions.

Telle est l'impudence de leurs honteuses passions, telle est, à l'égard de ce qui est permis ou défendu, la confusion que mettent en eux la rage furieuse qui les anime et la profondeur de la fange où ils sont plongés, que rien, selon la juste affirmation d'Origène, ne distingue l'homme possédé du démon de celui qui est livré à ses passions, sinon que la malice de ce dernier est plus grande. Car le démoniaque n'éprouve qu'une souffrance de cette vexation dont un autre que lui est le coupable auteur.

Serons-nous donc étonnés désormais si de nos jours spécialement « *les sens et la pensée de l'homme sont enclins au mal dès sa jeunesse* » (Gen., VIII, 21) ? quand, avec la corruption primordiale de la nature, les petits enfants sucent, pour ainsi parler, comme le lait, la pourriture du péché ?

Et puis, quel est, pour la formation morale des enfants, pour leur éducation et leur préservation, le souci de leurs parents et de leurs maîtres ? Aucun, ou, s'il y en a un peu, il vient après tout le reste.

Qu'y a-t-il donc d'étonnant si, marchant sans guide dans le sentier glissant et ténébreux où les poursuit le mauvais esprit, ils tombent si facilement ?

Et plût à Dieu qu'on se contentât de les négliger ! Mais on leur montre de tels exemples, on leur fait entendre de telles abominations, leurs yeux sont souillés de telles images, de telles lectures, qu'après tout cela, ils ne peuvent faire autrement que de se mal conduire. « *Les exem-*

ples domestiques, dit Juvénal, *nous corrompent plus profondément et plus vite, parce qu'ils s'imposent aux esprits avec une grande autorité.* »

Que fera le fils, sinon ce qu'il voit faire à son père ? En changeant le sens du vers de l'Eglogue, on peut en faire à ce sujet un juste proverbe : « *L'enfant marche sur les pas de son père.* »

Il arrive ainsi qu'en beaucoup de circonstances il n'y a plus de remède, parce que ce qui fut vice est devenu coutume, selon la parole de Sénèque : « *Est-ce que, je vous le demande, ces scandales ne vous paraissent pas abominablement propres à faire tomber les petits enfants dans la pratique des bonnes mœurs ?* »

Malheur aussi à ceux qui scandalisent ainsi ouvertement, non pas un, mais tant de petits enfants du Christ en ne les laissant pas venir à lui !

Ceux qui scandalisent dans le secret et en particulier sont-ils les plus coupables ? Je ne le crois pas. Ce sont ceux, nous l'avons dit déjà, qui tendent des pièges, non pas immédiatement et ouvertement, mais d'une façon détournée, sous les pas des enfants. Ils tendent des embûches aux guides et aux instituteurs de ces enfants ; ils les tournent en dérision, les dénigrent, les calomnient, les accusent de communiquer à ces enfants leur science, non par dévouement et par piété, mais seulement pour satisfaire une cupidité malsaine, par hypocrisie, par esprit de mensonge. Ruse digne d'un renard, ou mieux d'un démon, qui lance un trait oblique, et mord comme un serpent caché, pour empêcher les enfants de venir à Jésus-Christ.

Il est moins facile de remédier à cette seconde peste, car il est plus difficile de chasser un ennemi invisible qu'un ennemi visible. C'est de ces ennemis invisibles que parle la Sagesse : « *N'empêchez pas de faire le bien, mais si vous le pouvez, faites-le aussi* » (Prov., III, 27). « *Oh ! qui qui donc prendra ces petits renards qui détruisent nos vignes* » (Cant., II, 15). Qui donc, dirons-nous aussi, prendra ces renards qui foulent aux pieds le jardin fleuri de l'Eglise ? Ils entrent en creusant la terre, ils rampent invisibles, et on ne peut les saisir qu'en suivant les traces funestes de leur passage. Et quelles traces ! Les fleurs les plus belles écrasées sous leurs pieds, les plantes les plus salutaires arrachées ! Et le jardinier ? Sa présence trop rare ne le rend-elle pas coupable ?

Mais par quel prodige les hommes se changent-ils en renards dévastateurs ? Pour quel plaisir, ou plutôt, par quelle malignité agissent-ils ainsi ? Quelques-uns d'entre eux, qui se sont témérairement montrés à découvert, nous fournissent la réponse. Les uns sont tourmentés d'une jalousie dévorante envers ceux qui font ce qu'ils ne font pas eux-mêmes ; les autres, méprisant la foi et la religion, jugent que toute piété n'est qu'une niaiserie, qu'une lubie de vieille femme. Pour d'autres, rien de semblable ne les anime ; mais ils croupissent dans une tiédeur écœurante, dans une langueur qui les paralyse.

Malheur, malheur au monde, à cause de ces scandales ! La mort serait tout ce qu'il y aurait de mieux pour ces hommes coupables de la perte de tant d'âmes tombées le long du chemin qui mène à Dieu, de tant d'âmes que directement ou indirectement ils ont scandalisées et perdues, de tant d'âmes d'enfants surtout qu'ils ont empêchées de venir à Jésus-Christ.

III

Eloge du zèle de ceux qui ramènent les enfants à Jésus-Christ.

« *Celui qui ramènera un pécheur égaré sauvera son âme de la mort et couvrira la multitude de ses péchés* » (Jac., v, 20). De cette parole, Saint Grégoire a pu conclure qu'aucun sacrifice n'est plus agréable à Dieu que le zèle pour le salut des âmes. En effet, si les hommes ont tant d'inquiétudes, passent tant de veilles, se donnent tant de soucis, affrontent tant de dangers pour conserver des choses vaines et bientôt perdues, pour ramasser une petite quantité de ces choses terrestres que l'Apôtre (Philip., iii, 8) appelle du fumier, et si en agissant ainsi, ils méritent qu'on loue leur habileté, leur activité, les services qu'ils rendent à la société ; voyez donc, je vous prie, combien est blâmable l'inertie ou l'infidélité de ces chrétiens qui ne se soucient pas du salut de leurs âmes immortelles. Mais encore, voyez quelle témérité, quelle perversité ! On excuse ceux qui paralysent, par des moyens cachés ou publics, les efforts empressés que quelques-uns déploient pour conduire les enfants à Jésus-Christ, et les empêcher de tomber dans l'abîme ?

Si quelqu'un, sans souci du jour ni de l'heure, même un jour de fête solennelle, retire son bœuf ou son âne de sa fosse ou de son fumier, on n'y trouve pas à redire. Pourquoi donc accuser d'indiscrétion, d'importunité et de sottise, celui qui, animé d'un zèle inextinguible, s'efforce en tout temps de traîner des âmes à Jésus-Christ, des âmes enfoncées dans une boue profonde, accablées de vices, gémissant sous les chaînes du péché, ensevelies dans la plus profonde misère ? « *Tout ce que peut faire votre main*, dit Salomon, *faites-le à l'instant* » (Eccle., IX, 10) ; et ailleurs : « *Le matin, sème ta semence et que, le soir, ta main ne se repose pas, parce que tu ne sais pas ce qui lèvera le mieux de ceci ou de cela : si les deux semences croissent ensemble, il n'en sera que mieux* » *(Ibid.,* XI, 16).

Les amis du péché méprisent tout ce que disent les hommes, pourvu qu'ils satisfassent leurs désirs coupables ; et celui que poursuit le

zèle pour le Christ tremblerait au bruit d'une
voix inconnue comme devant l'ombre d'un
roseau qui s'agite ? Les maisons spirituelles de
Dieu, les temples et les sanctuaires vivants de
l'Esprit-Saint, la cité sainte, le royaume céleste,
seraient de toutes parts livrés aux flammes dé-
vorantes de l'enfer et du vice, et notre inertie
hésiterait à leur porter secours ?

Quels éloges le public ne décerne-t-il pas au
médecin qui exerce gratuitement son art en
guérissant les malades, à l'avocat qui plaide
sans honoraires, à n'importe quel homme d'art
qui met volontiers son habileté au service d'autrui sans exiger de salaire ! Quelle serait donc
parmi les chrétiens, je ne dirai pas l'injustice,
mais la folie, si le médecin des âmes, leur
avocat, l'artisan de leur salut, travaillant spon-
tanément pour elles, était accusé, sifflé, entravé
dans son zèle ? Chaque jour les enfants sont
directement poussés au mal par les discours les
plus pervers, et personne ne répond un mot
pour les retenir, personne ne prend le parti de
la vertu pour les pousser au bien. Les enfants
éprouvent dans leur âme les angoisses de la
faim spirituelle ; ils demandent du pain, et il
n'y a personne qui le leur rompe : au contraire,

on empêche ceux qui veulent le leur rompre. Est-ce là ce qu'a fait, ce qu'a enseigné le Christ? Pour réunir les âmes, il s'est comparé à la poule, qui possède, au suprême degré, parmi les animaux, l'amour de ses petits, selon ce que dit saint Augustin. Au moindre danger qu'ils courent, ses ailes s'abaissent, ses plumes se hérissent, sa voix menaçante prend un accent sauvage, elle oublie de manger, et le courage qu'elle déploie à défendre ses poussins est incroyablement plus grand que ses forces. Et nous, qui nous disons volontiers les disciples du Christ, nous nous relâcherions dans cette œuvre, nous attendrions les occasions et nous nous reposerions des mois entiers? Non! Non.

Il y a plusieurs manières de ramener les enfants dans la voie qui conduit à Jésus-Christ : la prédication publique, l'avertissement particulier, l'enseignement officiel.

Un dernier moyen qui est propre à la religion chrétienne, est la confession.

Que l'on pense ce que l'on voudra ; pour moi, dans ma simplicité, je juge que la confession, pourvu qu'elle soit bien faite, est ce qui dirige le plus efficacement vers Jésus-Christ.

C'est par elle que l'on découvre les maladies

intimes des pécheurs, lorsque le confesseur a mis toute sa science, toute sa prudence, et une patience sans borne à scruter toutes choses. Mais il doit déployer toute l'habileté d'un médecin, pour arracher de l'âme le serpent subtil, et pour purifier le cœur de ce venin pestilentiel dont la présence empêcherait l'esprit de l'enfant de grandir dans le Christ, et le laisserait malade et languissant, ou plutôt l'étendrait comme mort et enseveli dans le cloaque du péché. De lui-même en cet état il ne pourrait faire aucune œuvre de vie, aucun bon mouvement vers Jésus-Christ. Au lieu de sang, ses veines se rempliraient de pourriture, tant que l'épine du péché resterait dans la blessure ; sa conscience malheureuse, **agitée** intérieurement par les aiguillons de la mort, serait entraînée bien loin dans les voies difficiles de l'égarement, dans l'assouvissement de désirs empoisonnés.

J'ajoute que l'on ne pourrait donner de conseils plus efficaces que ceux que l'on donne en confession ; car, en dehors de ce sacrement, il n'est pas de remède plus propre à guérir les maladies du vice.

Où donc encore trouvera-t-on un meilleur préservatif pour les maux futurs ?

On avouera probablement que je dis vrai. Mais on objectera qu'il suffit d'exercer ce ministère une fois l'an, ou au plus quatre fois l'an, envers le même enfant.

Mon discours sur la diligence des mondains a répondu naguère à cette manière de voir. Sans incriminer leur empressement dans leurs affaires, efforçons-nous de les imiter en ce qui regarde la confession des enfants.

Plût à Dieu, certes, que les petits enfants fissent une fois l'an une bonne confession, une confession bien intègre !

Mais ils sont nombreux, et le temps·pascal est si court, qu'il n'est pas loisible aux curés et à tous ceux qui sont chargés spécialement de ce soin, de chercher·à pénétrer au fond de toutes ces consciences. Il est donc préférable, et même nécessaire, que tout enfant puisse, une fois, faire à un confesseur prudent, une confession de toute sa vie, non pas en passant, ni d'une voix étouffée par la crainte, mais longuement et parfaitement.

Il en résulte un triple bien.

Beaucoup d'enfants, séduits par une rage plus que diabolique, commettent des énormités honteuses, ou bien gémissent sous le poids de ces fautes qu'ils ne savent ou n'osent dire qu'après avoir été instruits et interrogés séance tenante. Mais il faut interroger de telle façon qu'on ne s'expose pas à leur enseigner le mal qu'ils ignorent, sinon pour leur en inspirer une violente horreur, en prévision du cas où ce mal se présenterait. De cette manière, on arrive à les purifier à fond.

De plus, ils apprennent pour l'avenir ce qu'ils doivent accuser en confession, et comment ils le doivent accuser. On leur apprend aussi à être francs et à ne jamais plus rien cacher.

Enfin, ils reçoivent dans leur conscience une paix plus suave, parce qu'ils sont heureux de savoir que jamais, dans un âge plus avancé, ils ne seront soumis à l'humiliation de confesser leurs péchés passés, parce qu'il ne leur reste aucune inquiétude sur le pouvoir et le discernement du confesseur : ils ne sont, en effet, jamais renvoyés au supérieur ecclésiastique.

Personne ne jugera ces fruits-là trop mesquins, si l'on connaît la force tyrannique de la honte chez certains pénitents et plus encore chez les femmes, surtout quand par une faute horrible ou une imagination abominable, une pauvre âme a été souillée ainsi que son corps, jusqu'au plus profond d'elle-même. Quiconque pourra le savoir, avouera, j'en ai la conviction, que de voir ces malheureux ouvrir la bouche pour faire une confession intègre, n'est pas une merveille moins grande que de voir un muet de naissance recevoir le don de la parole.

On me dira, on dira à quiconque emploiera toutes ses forces à l'instruction et à la confession des petits enfants : « *Vous vous consumez dans un labeur insensé* » (Exod., XVIII, 18). Pourquoi cela ? Parce qu'ils mentent, parce qu'ils manquent de franchise, ou retournent bien vite à leur vomissement.

Nous répondrons d'abord à cette dernière hypothèse, que les personnes âgées, et même les prêtres, ont des retours quotidiens à leurs péchés, et que, malgré cela, ils ne cessent pas de se confesser. Est-ce que le matelot qui vide l'eau de la cale cesse son travail parce qu'il en revient autant qu'il en ôte ? « *Combattons les vices*, dit Sénèque, *non pas pour les vaincre, mais pour n'être pas vaincus par eux.* » Si chaque jour nous nous souillons les mains, nous ne laissons pas de les laver, et cela afin que, si la souillure revient, elle ne prenne pas de l'adhérence.

Qu'ils mentent quelquefois, que ces enfants

cachent quelquefois leurs fautes, surtout les premières fois qu'ils se confessent, c'est ce que je n'ignore pas. Plaise à Dieu que les grandes personnes elles-mêmes ne se rendent pas coupables de ces déguisements ! Ne faut-il pas, pour leur arracher la vérité, répéter les bons avis, les habiles et attentives interrogations ?

Si l'on n'y arrive pas tout d'un coup, on y arrivera par la suite, quand la crainte de Dieu aura prévalu et aura pris le pas sur les mouvements de la chair. Si Dieu en abandonne quelques-uns au point que personne ne puisse les corriger, selon la parole du sage (Eccl., VII, 4), beaucoup néanmoins s'amendent, et si, de cette façon, on sauve une seule âme dans un mois, ou même dans un an, on n'a pas perdu sa peine ; car « *la charité couvrira la multitude des péchés* » (Jac., V, 29).

Que celui donc qui se souvient des péchés de sa jeunesse et de beaucoup d'autres encore, comme j'en ai moi-même gardé le souvenir, soit rempli de zèle pour cette œuvre qui couvre les péchés et les remet en les couvrant, qu'il convertisse l'impie de l'égarement de sa voie, et qu'il délivre son âme de la mort.

Vous surtout, directeurs et instituteurs des

petits enfants, conservez envers eux une discipline soigneuse. Si je vous donne cet avis, c'est en toute simplicité et sous l'inspiration d'un amour tout fraternel, qui ne voudrait pas donner des ordres, mais qui ne croit pas que vous puissiez penser autrement. Je vous dis, non seulement de ne pas les empêcher de venir à Jésus-Christ, mais de les lui conduire.

Aucune créature n'est sujette aux contagions comme les enfants, qui se communiquent facilement le mal : que votre soin soit donc de discerner avec circonspection lequel, dans le nombre de vos petits disciples, est infecté d'une dépravation honteuse : une seule brebis galeuse peut infecter tout le troupeau.

Les mœurs dépravées d'un jeune homme en souillent plusieurs, par simple contact. « *Vous vous pervertirez avec les pervers* » (Ps. XVII, 27), dit le prophète. Et de certains, il dit : « *Ils se sont mêlés aux nations et ils ont appris à faire leurs œuvres* » (Ps. CV, 35).

Lorsque vous vous apercevez de vols, même légers, envers vos biens temporels, vous faites une enquête prudente, et vous les empêchez par votre surveillance ; vous corrigez ou chassez les coupables. Faites attention que nul larcin n'est plus funeste que le rapt des âmes si précieuses des petits enfants ; car c'est profaner le temple saint du Seigneur que de les violer, les souiller, les renverser, les perdre par de coupables séductions. C'est pourquoi, bien que vous ne puissiez pas expulser tous les enfants vicieux (car toujours il en restera de mauvais parmi les bons), remarquez au moins ceux qui, par une abominable malignité, travaillent ouvertement à nuire aux autres.

Mais, direz-vous, de ceux-là il n'y en a pas ; nous n'en trouvons point. Plaise à Dieu qu'il n'y en ait point, qu'il n'y en ait seulement que peu ! Mais je crains que vous ne reconnaissiez le contraire, dès que vous porterez votre attention sur ce point.

Il peut se faire, sans doute, qu'une correction publique, infligée à un seul, suffise pour en détourner un certain nombre de cette liberté criminelle avec laquelle ils commettent des actes que la pudeur ne permet pas de nommer directement. Peut-être quelques-uns quitteront-ils le directeur qui a dû agir ainsi, en disant : « Que cet homme est dur ! » Mais il faut espérer en la divine Providence et dans la réputation favorable qui en sera la conséquence, pour en amener de meilleurs et en beaucoup plus grand nombre; car rien n'est plus aimable que la vertu, rien n'attire à soi davantage.

Enfin, nous voulons que tous les avis soient prudents, afin qu'aucun enfant ne puisse leur adresser le reproche du prophète : « *Les superbes m'ont tendu un piège dans le chemin où je marchais;* » et plus loin : « *Ils ont mis le scandale sur mon chemin* » (Ps. cxxxix, 6). Comment ces reproches seraient-ils mérités ? — en empêchant l'un de ces petits enfants, ou ceux qui doivent les aider, d'accomplir la parole du Seigneur : « *Laissez venir à moi les petits enfants.* »

IV

Apologie pour ma défense : Exhortation aux petits enfants pour qu'ils viennent à Jésus-Christ par mon indigne ministère.

« *Si un homme s'est livré à quelque crime, vous qui êtes spirituels, instruisez-le en esprit de douceur, tout en vous considérant vous-mêmes, pour ne pas être tentés à votre tour* » (Gal., VI, 1).

Il était bien expert en morale, celui qui a dit : « *L'art des arts, c'est le gouvernement des âmes.* »

Quoique rien, dans l'œuvre dont nous parlons, ne puisse se faire sans cet art, les hommes et les prêtres de notre temps osent l'essayer, et il arrive ainsi que les aveugles sont conduits par des aveugles. Aussi qui donc s'étonnera de tant de ruines qui nous menacent !

La plupart regardent comme fort indigne d'un théologien ou d'un littérateur en renom, ou même d'un ecclésiastique élevé en dignité, de s'abaisser jusqu'à ce ministère, surtout en ce qui concerne les enfants. C'est pourquoi ma réputation en ces matières me vaudra certainement d'être ridiculisé et blâmé. Les disciples du Seigneur me paraissent encore bien éloignés de comprendre les choses célestes, encore bien stupides, quand je les vois empêcher ceux qui présentent les enfants à Jésus-Christ, comme s'il était indigne du plus grand des Maîtres et des Docteurs de s'abaisser jusqu'à ces petits enfants.

Mais que ceux qui pensent comme eux s'instruisent par l'exemple de Jésus-Christ, ou bien par les paroles de l'Apôtre que je viens de citer. Il veut, l'Apôtre, que ceux qui instruisent les autres soient vraiment spirituels, qu'ils aient l'esprit de douceur, et qu'ils se considèrent eux-mêmes pour ne pas être tentés. Des hommes réalisant ces désirs de l'Apôtre, on est stupéfait de penser combien ils sont rares.

Donnez-moi quelqu'un ; je dirai qu'il est spirituel, s'il juge tout spirituellement ; si sa propre souffrance lui a appris à compatir ; s'il cherche non pas ce qui est à lui, mais ce qui est à Jésus-Christ ; s'il est tout rempli de charité, d'humi-

lité, de piété, sans laisser de place en lui à la
vanité et à la cupidité ; si sa conversation est
dans le ciel ; si, comme l'un des anges de Dieu,
il ne se laisse émouvoir ni par la bénédiction, ni
par la malédiction, et si, à leur exemple, il
n'abandonne pas ces hauteurs même pour
vaquer aux occupations les plus basses de son
ministère, et s'il ne se laisse souiller d'aucun
souffle pestilentiel. S'il n'en est pas ainsi, « *à
quoi lui servira d'avoir gagné le monde et
d'avoir à subir la perte de son âme ?* » (Matt., XVI,
26) ; et il n'entend pas l'ordre de Dieu : « *Aie
pitié de ton âme en accomplissant le bon plaisir de Dieu* » (Eccli., XXX, 24).

Enfin, il doit être tel, que rien de corporel ne
puisse l'émouvoir ou l'attirer ; mais, fortifié dans
sa raison comme dans une haute citadelle, il doit
être doué d'une rare habileté à scruter les âmes.

En effet, tant que ces qualités vous manque-
ront, tant que vous serez inquiet des bruits
malveillants, effrayé par les menaces, enflé par
la gloire ou déprimé par la diffamation, vous
êtes charnel, vous n'êtes pas spirituel, vous
n'êtes pas encore assez apte à instruire les
autres en esprit de douceur.

D'où il suit que, pour en revenir à la question,

j'aurais dû plutôt être accusé de témérité que d'une excessive humilité, pour m'être ingéré moi-même dans le ministère des hommes spirituels, pour m'être chargé d'instruire les enfants qui vivent dans le péché, comme une rampante tortue qui voudrait entrer dans la société des oiseaux aux ailes rapides.

Mais que faire ? Certains personnages, bienveillants d'ailleurs, ne pensent pas ainsi. Leur désapprobation s'adresse tantôt à moi, tantôt aux enfants pour les empêcher de venir à moi. Ils allèguent plusieurs raisons ; ils croient avoir quatre motifs excellents d'agir ainsi.

1° Ils allèguent la distance qui existe entre mes habitudes et les manières des enfants ;

2° La dignité de mon emploi qui doit m'astreindre à de plus nobles occupations ;

3° L'inopportunité du temps et du lieu ;

4° Enfin, ils redoutent qu'un apostolat si insolite ne soit calomnié par des rivaux.

Disons un mot de chacune de ces raisons.

I. Ils disent, et ils ont raison, qu'il y a une grande distance entre la tenue qui m'est obligatoire et les manières des enfants. Néanmoins, si je veux que mon ministère soit utile, il faut que je me mette à leur portée, tout comme pour relever un homme tombé, je suis obligé de m'abaisser jusqu'à lui :

> La majesté, l'amour ne sauraient sur un trône
> Partager sans combat une même couronne,

dit un poëte.

Cependant, si l'amour manque, à quoi servira l'enseignement, puisqu'on ne l'écoutera pas volontiers ? puisqu'on ne le croira pas et qu'on ne lui obéira pas ? Il faut donc dépouiller toute grandeur et se faire petit pour les petits, à l'exclusion du vice, et de tout ce qui n'est pas reconnu comme absolument honnête. Ajoutons avec Sénèque : « *que la nature est rétive : on la dirige plutôt qu'on ne la traîne* ».

C'est pourquoi un caractère généreux a ceci de particulier, comme on le dit aussi des êtres sans raison, bêtes ou oiseaux, qu'il se laisse captiver et plier beaucoup mieux par les caresses que par la terreur.

Voici donc des enfants extrêmement craintifs : comment découvriraient-ils leurs péchés honteux à un confesseur qu'ils haïraient ou craindraient ? à celui même qui ne les aurait pas tout d'abord persuadés de son amitié, de sa bienveillance et de sa discrétion ? C'est ce que ce confesseur n'obtiendra jamais, s'il n'a pas quelque peu pris part à leur gaîté, s'il n'a pas encouragé leurs jeux, s'il n'a pas applaudi à leurs succès, s'il n'a pas évité l'aigreur et les reproches dans ses remontrances, s'il ne s'est pas comporté en toutes circonstances avec douceur et mansuétude : de telle sorte que non seulement les enfants ne sentent pas en lui un ennemi, mais un ami et un frère. Un homme qui repousse toute condescendance, toute affabilité, toute gaîté dans ses relations avec les enfants, perd, comme conséquence nécessaire, tout pouvoir de leur faire du bien par ses avis ou par la confession.

Je suis persuadé que tout autre fut la conduite de l'Apôtre : sinon, comment aurait-il pu se faire tout à tous pour les gagner à Jésus-Christ (Philip., iii, 8) ? Faudrait-il excepter les enfants et dire qu'il ne s'est pas fait petit enfant ? En vertu de quelle autorité aurait-il alors commandé aux pères de traiter humainement leurs enfants, de ne pas les provoquer à l'irritation, pour ne pas les rendre pusillanimes (Col., iii, 21 ; Eph., vi, 4), s'il avait eu en horreur, comme chose indigne de lui, les rapports avec les petits enfants ? Mais pourquoi raisonner, puisque l'Apôtre lui-même le dit expressément (I Thess. II, 7)? « *Nous nous sommes fait tout petit au milieu de vous , comme une nourrice qui presse ses enfants sur son sein.* »

Mais revenons, je vous prie, à la raison pour laquelle l'Apôtre (Gal., VI, 1) ordonne d'instruire en esprit de douceur ceux qui ont quelque péché, et voyons si Jésus-Christ ne l'a pas fait tout le premier, et s'il ne nous l'a pas commandé dans sa loi.

Lorsque, élevant la voix, il eut proclamé son invitation : « *Venez à moi, vous tous qui êtes fatigués et chargés* » (Matt., XI, 28-29), il ajouta comme raison nécessaire de son invitation : « *Apprenez de moi que je suis doux et humble de cœur.* »

Dans l'histoire des anciens Pères, on peut constater, par beaucoup d'exemples, que rien n'a été si efficace pour corriger et amender la plupart des pécheurs que la douceur ; « *car*, dit un poëte comique, *rien n'est meilleur dans les hommes que la condescendance et la douceur.* »

Saint Jean qui avait pénétré et écrit les secrets divins, ne baisa-t-il pas la main d'un voleur et d'un horrible assassin pour le gagner à Jésus-Christ? Qui donc a gagné à l'Eglise l'illustre docteur Augustin, qui brille comme un astre plein de douceur? Ce fut Ambroise. Et par quelle puissance? « *J'ai commencé*, dit saint Augustin, *par aimer cet homme, non pas comme docteur de vérité, mais comme un homme plein de bienveillance pour moi.* » O Ambroise, comme vous avez été sage, comme vous avez vraiment imité Dieu ! Il n'a pas dit à Augustin nourri de doctrines pestilentielles : « Retirez-vous de moi, vous êtes un pécheur, un hérétique, un blasphémateur. » Mais combien moins encore Ambroise se serait-il permis quelque mouvement d'humeur à l'égard des enfants qui seraient venus à lui !

Enfin, si nous réfléchissons que rien dans les œuvres de Jésus-Christ n'était inutile, que chacune de ses actions renfermait un précepte aussi formel que ses paroles, nous comprendrons qu'il avait un but sérieux, quand il défendait à ses chers disciples d'éloigner de lui les petits enfants, quand il embrassait ces derniers, quand il leur imposait les mains et les bénissait.

Qui donc désormais, ô très doux Jésus, aura honte après vous de se faire petit pour les petits ? Qui donc sera assez enflé d'orgueil, se croira assez grand ou assez savant pour devoir mépriser la petitesse des enfants, leur ignorance et leur faiblesse, lorsque vous, qui êtes le Dieu des ans et des siècles (Rom., I, 25), en qui sont tous les trésors cachés de la sagesse et de la science de Dieu (Coloss., II, 3), abaissez, plein de mansuétude, vos bras divins pour les embrasser.

Loin donc, loin d'ici toute hauteur ! Arrière tous ces dédains qui mettent en fuite les enfants ! Par l'exemple admirable qu'il nous donne, Jésus-Christ nous montre combien sa condescendance l'emporte sur la bonté tant vantée de Socrate, qui ne rougissait pas, après s'être acquitté de ses fonctions publiques, de récréer son esprit en jouant avec les enfants, leur laissant poser sur ses genoux leurs jouets de roseaux. Oh ! s'ils l'avaient vu, tous ces Catons qui s'érigent en censeurs de notre temps ! Quels ricanements stupides !

Cependant, nous n'allons pas, en jouant avec les enfants, jusqu'à un laisser aller qui admettrait dans le geste, la parole ou les actes une familiarité peu édifiante. Il y a une différence entre le motif qui porte à s'abaisser pour le service de Dieu, comme David dépouillé de ses vêtements royaux et dansant devant l'arche, s'avilissant ainsi á ses propres yeux, et le motif qui nous porte à récréer simplement notre esprit.

Le premier motif est toujours excellent, et c'est à peine s'il peut comporter d'excès : et je ne vois pas en quelle circonstance il serait plus à propos de mettre en pratique la parole de l'Ecclésiastique (iii, 20), que Cicéron lui-même semble reproduire dans son livre sur les devoirs : « *Plus vous êtes grand, plus il faut vous abaisser en toutes choses.* » Aussi le Christ, mettant un petit enfant devant ses disciples, auxquels il voulait, par sa parole et par son exemple, donner cette règle de l'humilité, leur dit : « *Celui qui parmi vous est le plus grand, sera comme le plus petit* » (Matt., xviii, 11). Et ailleurs sur le même sujet : « *Quiconque ne recevra pas comme un petit enfant le royaume de Dieu, n'y entrera pas* » (Marc, x, 15).

J'atteste devant Dieu la vérité de ce que je vais dire. Depuis trois ans, j'ai entendu, en confession, plusieurs enfants et quelques jeunes gens avouant que jamais ils n'auraient accusé leurs péchés à un prêtre moins condescendant envers eux, et moins soigneux de les interroger ; et cela, même à l'article de la mort, au risque d'être damnés. Reconnaissez donc combien est efficace une bienveillante condescendance, combien on peut obtenir par des interrogations et des avis discrets, avec un peu d'habileté, avec le secours de Dieu plus demandé, plus espéré, plus puissant.

J'ai connu aussi plusieurs personnages expérimentés qui, ayant entendu les confessions pendant de longues années, m'ont affirmé n'avoir jamais ou à peu près jamais rencontré d'enfants véritablement vicieux, qui ne fussent coupables d'avoir caché leurs fautes à un autre confesseur, et qui ne les auraient pas cachées, si l'on avait cherché à s'emparer de leur esprit par une grande prudence et une grande douceur spirituelle, et si l'on avait usé envers eux de ces pieuses industries qui sont si utiles.

Je me souviens d'avoir écrit quelque chose sur ce sujet, et récemment il a été édité en français un petit traité destiné spécialement à faire connaître ces vices.

Passons maintenant en revue brièvement les trois autres motifs pour lesquels nous rencontrons de la contradiction ; en ce qui concerne le respect de la dignité de mon ministère ou de ma magistrature, je crois y avoir assez pourvu.

II. On dit que je dois m'occuper de plus grandes choses.

Je ne sais pas, en vérité, si le peu que je suis peut servir à quelque chose de plus grand que d'arracher des âmes, avec le secours de la grâce de Dieu, à la gueule du chien infernal et des portes mêmes de la géhenne, que de planter, pour ainsi dire, ces âmes d'enfants, et d'arroser cette partie si belle du jardin de l'Eglise, avec le désir que Jésus-Christ donne l'accroissement?

Mais on affirme que je ferais la même œuvre plus magnifiquement par la prédication publique. Oui, peut-être la ferais-je avec plus de pompe ; mais, à mon avis, avec moins d'efficacité et moins de fruit. Jésus-Christ lui-même confond notre orgueil qui ne nous permet pas, en dehors d'un nombreux auditoire, de prêter notre bouche à la Sagesse, lorsqu'il prend la peine de tenir une longue conversation avec une seule femme, la pécheresse de Samarie.

Sans aucun prétexte cependant, je ne m'abstiendrai sans raison de pourvoir à tout ce qu'exige ma charge de chancelier, tant que j'en serai l'indigne titulaire, quelque utilité que je puisse trouver dans une autre œuvre. Mais là où cesse la nécessité, comme il arrive souvent, qui donc me blâmera de me donner une occupation si salutaire, lorsque personne ne croirait trouver à redire de me voir par hasard jouer ou me délasser ?

III. Le troisième motif mensonger consiste dans l'inopportunité du lieu et du temps ; j'en ai déjà dit un mot dans la première considération. Cependant, aucun lieu n'est plus propre à ce ministère, aucun n'est moins sujet à caution que la nef de l'église ouverte à tout le monde. Ce n'est pas le cas d'appliquer le proverbe cité par saint Jean : « *Celui qui fait mal craint la lumière* » (Jean, III, 20).

Ici nous avons un ordre de Jésus-Christ. « *Que vos bonnes œuvres soient vues par les hommes* » (Matt., v, 16), afin que la lumière brille sur le chandelier.

Si quelques-uns s'en scandalisent en y voyant de la mise en scène, une vaine jactance, de la gloriole, de l'hypocrisie, de la bigoterie, ou autre chose semblable, qu'ils réfléchissent à ce qu'ils disent. Il est certain que c'est un scandale cherché et non pas donné, un scandale de pharisien et non pas d'âme faible, un scandale, par conséquent, qu'il faut mépriser. En effet, ni l'acte, ni le lieu ne peuvent donner occasion de ruine spirituelle. Il n'y a rien d'étonnant si le rayonnement d'une bonne œuvre, rayonnement si agréable aux bons, soit odieux et pénible à ceux qui ont les yeux malades et la vue basse, aux envieux.

« *Nous sommes la bonne odeur du Christ,* » s'écrie l'Apôtre. Mais, qu'ajoute-t-il ? « *Pour les uns nous sommes l'odeur de mort qui tue, pour les autres l'odeur de vie qui fait vivre* » (II Cor., II, 16).

Enfin, quiconque réfléchira combien la moisson du Seigneur est grande, et combien les ouvriers sont peu nombreux (je parle des ouvriers capables, car les autres sont innombrables, mais ne sont capables que de vider les greniers, comme le dit Horace), se convaincra qu'aucun jour, aucune heure, aucun lieu ne doit être regardé comme impropre à ce travail.

IV. Enfin, le quatrième motif de blâme, qui ne me touche guère, est basé sur ce que j'ai entrepris une chose tout à fait insolite chez nos devanciers. Je m'applique la parole de Plaute : « *Chacun a sa manière.* » S'il n'était permis à personne d'essayer quelque nouveauté remarquée, ce serait tant pis pour la société : bientôt elle tomberait sans que rien puisse arrêter sa chute.

Cependant cette œuvre n'est ni insolite ni

extraordinaire, et l'évêque diocésain, qui est le maître de la moisson, peut autoriser et envoyer des ouvriers pour y travailler tantôt d'une façon, tantôt d'une autre. Or, si je demande cette autorisation, je le fais en vertu de la parole de Notre-Seigneur : « *Priez le maître de la moisson d'envoyer des ouvriers à sa moisson* » (Matt., IX, 38). Je m'autoriserai aussi de l'exemple d'Isaïe. Le Seigneur demandant : « *Qui enverrai-je? Et qui ira pour nous?* » Isaïe répondit : « *Me voici, envoyez-moi* » (Is., VI, 8).

Il n'y a donc rien dans mes actes d'irrégulier ou d'illégitime ; mes supérieurs, usant de leur pouvoir, ont accédé à ma demande, et, d'autre part, jamais je n'ai eu la présomption, comme je ne l'aurai jamais, d'entendre les enfants sans en informer les maîtres auxquels leur éducation est confiée.

Mais quoi! le chancelier de l'Eglise de Paris n'a-t-il pas, en vertu de sa charge et en vertu d'ordonnances apostoliques, la lourde responsabilité des écoles et des écoliers de Paris? Pour satisfaire à cette responsabilité, qu'y a-t-il de mieux que de leur enseigner les bonnes mœurs?

Mais voici que mes amis reviennent à la charge : « Vos ennemis, me disent-ils, accuseront cette innovation d'être indiscrète, mensongère, stérile, légère, ou autre chose semblable. »

Chers amis, j'ai prévu tout cela ; j'ai tout examiné, et j'y ai réfléchi longtemps. Quel homme en vue n'a pas été critiqué ? Laquelle de ses actions n'a pas été jugée avec méchanceté et sottise ? C'est pourquoi, je vous le demande par ce salut que nous attendons, et je vous en conjure au nom du tribunal redoutable de Dieu notre juge, puisque « *personne ne sait ce qui est dans l'homme que l'esprit qui est en lui* » (I Cor., II, 11), que, selon la règle établie par Jésus-Christ, ils me reconnaissent ici aux fruits de mes œuvres. Si l'on peut découvrir dans ma doctrine ou mes œuvres quelque chose d'erroné, de déshonnête ou de coupable, j'accepte alors que l'on me juge comme un loup ravisseur sous une peau de brebis. Mais si cette œuvre produit évidemment des fruits bons et visibles, je demande que l'arbre ne soit pas condamné pour une intention mauvaise que l'on soupçonnerait en lui. Ce serait se rendre coupable de jugement téméraire envers un frère, ce serait poser le scandale sous les pas des enfants, à qui l'on ôterait ainsi le moyen d'arriver à Jésus-Christ. Chacun de ceux qui auront agi ainsi portera dans la suite le poids de

sa mauvaise action, tandis que je resterai
déchargé de toute responsabilité. Que ceux qui
me surveillent remarquent combien mon esprit a
de confiance en ma bonne conscience : ne puis-je
pas invoquer le témoignage de tant d'enfants,
qui, dans les conditions actuelles, ne sauraient
facilement rien cacher ?

Mais en voilà assez sur ce chapitre : passons
à autre chose.

Exhortation aux enfants.

Maintenant, je m'adresse aux petits enfants ;
et, m'appuyant sur la parole du Sage, j'invi-
terai quiconque est tout petit à venir à moi
(Prov., ix, 4) ; qu'il soit sans crainte et sans
effroi. Quel qu'il soit, qu'il entende au moins
quelques bons avis de ma bouche. Si je m'arroge
ce pouvoir, j'en ai le plein droit, non par moi-
même, mais par le Seigneur. Je les conduirai au
bien, si je le puis, chacun en particulier, en leur
rappelant le souvenir de leurs années passées
dans l'amertume de leur âme, et en les aidant à
nettoyer leur esprit avec le balai de leur propre
aveu.

Cependant, pour cela, comme pour toute

autre chose, je n'obligerai personne malgré soi.
Je ne demanderai rien de ce qu'il faut taire ;
je ne m'engagerai point à dévoiler le secret des
autres ; au contraire, je le leur défendrai.

Aussi, que personne ne soupçonne ma discrétion ; je ne violerai ni par signe ni par parole le
secret de la confession ; je sais quels sont ses
privilèges sacrés. Je voudrais que ceux qui se
sont confessés eussent envers eux-mêmes et
envers moi une semblable retenue ; je voudrais
que personne ne fût porté, par une curiosité
malsaine ou frivole, à agir autrement.

Mais ne trouve-t-on pas la pénitence trop aus-
tère ? C'est là une vaine crainte. Je n'impose
aucune pénitence qui ne doive s'accomplir
immédiatement ; car j'aime mieux, selon
l'exemple de Guillaume de Paris, envoyer les
hommes en purgatoire avec une faible pénitence
qu'ils accompliront volontiers, qu'en enfer avec
une pénitence qu'ils ne voudront pas faire.

Si quelqu'un vient avec la conscience chargée
de péchés même très graves, qu'il dise avec
David, sans rien omettre : « *J'ai péché ;* » j'a-
jouterai aussitôt : « *Dieu a éloigné de toi ton
péché* » (II Reg., xii, 3).

Mais je ne croirai pas avoir tout fait, lorsque

par un aveu parfait l'iniquité aura été détestée et chassée dans un vomissement salutaire. On croira peut-être que je haïrai ou mépriserai celui qui m'aura fait connaître ses fautes ?

Certainement non ; au contraire, je l'aimerai comme un fils très cher en Jésus-Christ, comme quelqu'un que je saurai revenu à la crainte de Dieu, avec un cœur bon et pur ; comme un enfant qui s'est confié à moi avec une confiance telle qu'il m'a montré les plaies honteuses de son âme, plaies que peut-être il n'aurait jamais montrées à ses parents si tendrement aimés pourtant.

La vérité est que je sais dans mon cœur de plus grands trésors de douceur et de mansuétudes pour ceux que j'ai vus se relever des dangers si grands et si terribles où les mettaient leurs crimes, que pour ceux que je vois moins profondément blessés. Je ne me permettrai pas de garder dans le cœur la moindre trace de ressentiment ou de haine pour aucun crime avoué en confession, ce crime fût-il le meurtre de mes parents.

D'autre part, je sais bien que ceux qui se sont confessés conservent forcément quelque sentiment de confusion : il n'est ni nécessaire ni utile que cette confusion disparaisse tout de suite : la raison finira par en triompher ; en attendant, cette confusion sera d'un grand pouvoir pour la rémission de la peine.

Quelqu'un dira avec tristesse : Je suis froid et sans dévotion, à quoi me sert la confession ? Soit, la chose est possible ; mais c'est une raison de plus pour venir entendre la parole de Dieu si puissante pour réchauffer. Approchez-vous de ce feu, vous vous réchaufferez plus que vous ne croyez. J'en vois souvent qui sont froids au commencement, qui redoutent de s'entretenir de leurs actes, ou qui s'en moquent, et qui se retirent ensuite échauffés, consolés, pleurant abondamment. Un tel changement m'a souvent frappé.

Moi aussi, jadis, j'ai éprouvé les assauts de la chair ; moi aussi, je me suis senti troublé jusque dans ma raison par le tumulte des défaillances vulgaires ; ce que ma dévotion s'efforçait d'obtenir m'apparaissait comme quelque chose d'extraordinaire : je chancelais et m'agitais, j'avais la tentation de quitter mes projets de sanctification et de retourner en arrière. Et cela, jusqu'à ce qu'enfin, avec l'aide de Dieu, j'eus détaché mon regard de la terre pour l'élever vers le ciel, de cette mort pour regarder la vie, de la morte cité d'ici-bas, pour l'attacher à l'éternité. Je considérais avec les yeux de la raison et dans la lumière de la foi, que « *tout est vanité, et vanité des vanités* » (Eccl., 1, 2) ; et ainsi je respirais, je me fortifiais et m'affermissais.

Combien plus ne faut-il pas exhorter tous ces enfants à suivre cette méthode, pour ne pas écouter le vain raisonnement du vulgaire, pour mépriser des usages erronés, pour considérer, au contraire, la pure vérité qui fait discerner ce qui est juste et ce que la religion commande, et enfin pour prêter moins d'attention à ce que l'esprit éprouve maintenant, qu'à ce qu'il devrait sentir.

En outre, j'ai coutume, je ne le cacherai pas, de persuader tous mes pénitents de quatre choses. En fait de crimes, ce que je déteste par dessus tout, c'est une bouche habituée au mensonge, au parjure, à la médisance ; ce sont des mains violentes et des doigts crochus ; ce sont des gestes déshonnêtes, surtout ceux qui sont contre nature, ceux que les lois poursuivent.

D'abord j'engage à se garder par dessus tout d'être une occasion de ruine et de damnation pour les autres, parce que c'est là le rôle propre du démon. L'adage, *si non caste, tamen caute*, qui ordonne, si l'on ne veut pas vivre chastement, du moins de pécher seul et en secret, a donc sa raison d'être, puisqu'il empêche de scandaliser le prochain et de lui nuire.

Ensuite, j'engage ceux qui ont jadis entraîné d'autres personnes au vice, ou qui ont eu des complices, à chercher, aussi discrètement que possible, à les amener à résipiscence, afin qu'après avoir rempli le rôle du démon, ils remplissent désormais celui des anges.

La troisième chose que j'engage à observer, c'est que si l'on retombe dans le péché, comme il arrive à la fragilité humaine, on prenne en temps et lieu propices le contrepoison de la confession, qui, je l'affirme encore et toujours, ne sera point valide si elle n'est intègre et si elle n'est suffisamment explicite en ce qui concerne le nombre et les circonstances des péchés connus, surtout en ce qui change l'espèce du péché.

Enfin la quatrième chose que je n'impose pas à tous comme obligatoire, mais que cependant je conseille souvent, c'est que l'on s'astreigne à une pratique de piété facile pour tout le temps de la vie, soit pour entretenir le regret des péchés que l'on a confessés fidèlement et satisfaire à la peine qu'ils comportent, soit pour éviter les péchés futurs. Ce que je conseille ordinairement, c'est de dire chaque jour une fois le matin et une fois le soir le *Pater* et l'*Ave,* en se prosternant chaque fois si on peut le faire commodément. Il est rare que je change en ce point, et que la diversité ou la gravité de la faute me fasse apporter quelque variété dans ces observances. Elles seraient d'abord moins fidèlement remplies et d'ailleurs on peut, par d'autres pénitences plus secrètes, tenir un compte plus exact de la diversité des fautes. Si je mets ainsi sur un même pied les pécheurs et les innocents, je prie ces derniers de ne pas se plaindre, car ils n'ont pas moins d'obligations envers Dieu, qui seul, en les soutenant de sa main, les a empêchés de tomber parmi les pécheurs.

Ces quatre observations, je les ai mises en vers, pour que les petits enfants puissent plus facilement les retenir et plus profondément les graver dans leur cœur.

> Ne fais pécher personne en actes ni paroles ;
> Si tu veux te damner au moins n'en montre rien.
> As-tu perdu quelqu'un par tes conseils frivoles,
> Ange redevenu guide-le vers le bien.

> Enfant, es-tu tombé ? Jésus dans son Eglise
> Sous la forme d'un prêtre attend ton franc aveu.
> Rends grâces chaque jour de ta faute remise,
> Un *Pater*, un *Ave* rappelleront ton vœu.

Je termine... « *Jusques à quand, enfants, aimerez-vous la puérilité ?* » (Prov., I, 22) « *Pourquoi chérissez-vous la vanité et recherchez-vous le mensonge ?* » (Ps. IV, 3) Venez avec confiance : aucun piège n'est tendu dans le chemin, aucun serpent n'est caché sous l'herbe. Nous nous communiquerons les biens spirituels, parce que je ne cherche pas vos biens temporels. Je vous donnerai la doctrine, vous me donnerez le secours de vos prières ; nous prierons mutuellement les uns pour les autres pour nous sauver. Ainsi nous réjouirons tour à tour nos saints Anges, en la fête desquels je termine cet écrit. Ainsi peut-être, non plus peut-être, mais avec une espérance certaine, nous trouverons grâce devant notre Père, parce que tous nous obéirons à sa voix : moi, en vous invitant à vous approcher de lui ; vous, en acceptant mon invitation.

Nous ne manquerons pas dans la misère d'ici-bas des embrassements consolateurs de la grâce et de la dévotion, en attendant d'être réunis à

jamais dans l'éternelle gloire. C'est à cette gloire
que Jésus-Christ nous convie, nous tous à qui il
ordonne d'être toujours de petits enfants, nous
tous à qui il répète affectueusement au fond de
notre cœur : « *Laissez venir à moi les petits
enfants.* »

TABLE DES MATIÈRES

2335-08. — Imp. des Orph.-Appr., F. Blétit, 40, rue La Fontaine, Paris-Auteuil.

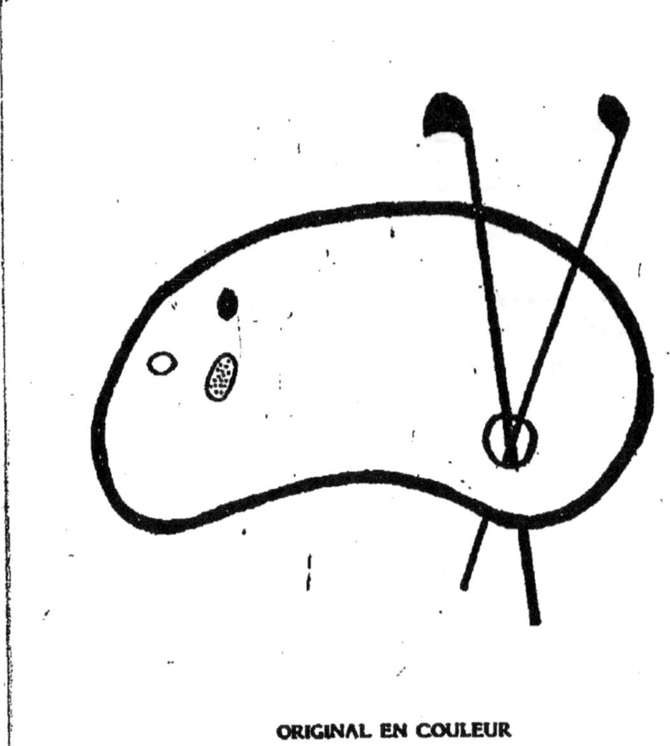

ORIGINAL EN COULEUR
NF Z 43-120-8